APPEL

AUX NATIONS

COMMERÇANTES ET MARITIMES

DE L'EUROPE.

APPEL

AUX NATIONS

COMMERÇANTES ET MARITIMES

DE L'EUROPE,

ou

RÉFLEXIONS

RAPIDES ET IMPARTIALES

SUR LA QUESTION DE LA TRAITE.

« Défiez-vous de ces cosmopolites qui vont chercher au
» loin dans leurs livres, des devoirs qu'ils dédaignent
» de remplir autour d'eux : tel philosophe aime les
» Tartares, pour être dispensé d'aimer son voisin. »
                                          ÉMILE.

PARIS.

DE L'IMPRIMERIE DE POULET,
QUAI DES AUGUSTINS, N°. 9.

1814.

APPEL

AUX NATIONS

COMMERÇANTES ET MARITIMES

DE L'EUROPE,

ou

RÉFLEXIONS

RAPIDES ET IMPARTIALES

SUR LA QUESTION DE LA TRAITE.

———

Après avoir lu le premier article additionnel du traité de paix conclu entre la France et l'Angleterre, l'on se demande de quel droit le gouvernement britannique, appuyé de son parlement, croit devoir régler souverainement tous les rapports intérieurs et domestiques de la France ? De quel droit prétend-il enchaîner son activité, restreindre son commerce, comprimer son industrie ? De quel droit s'arroge-t-il le pouvoir suprême et tyrannique d'empêcher les colons français , et surtout ceux de Saint-Domingue , dont les propriétés en tout genre ont été dévastées et détruites de fond en comble , avec une barbarie , une cruauté dont il n'y eut jamais d'exemple , de relever leurs établissemens , de rétablir leurs cultures et de repeupler leurs ateliers ? De quel droit s'imagine-t-il pouvoir nous amener et nous subordonner aux décisions législatives et capricieuses de son sénat , ce qu'aucun gouvernement jusqu'ici , même dans le délire de la conquête, n'avait encore osé imposer aux nations qui ont conservé une ombre de leur liberté et de leur indépendance ? De quel droit se déclare-t-il le défenseur et le protecteur exclusif des nègres , les apôtres de la liberté et des droits de l'homme , les vengeurs de l'humanité , lorsqu'il ne respecte plus ces mêmes principes de justice et d'équité naturelle envers les nations avec lesquelles il se trouve en opposition ?

Il est facile , pour tout homme impartial et éclairé, d'apprécier la conduite et les principes du gouvernement d'Angleterre et de son parlement, relativement à la suppression de la traite , qu'ils sollicitent chez toutes les nations avec une opiniâtreté, une ténacité extrêmes. Ce principe ne prend point sa source, comme on serait naturellement disposé à le croire, dans un sentiment d'humanité ou de philantropie ; il n'est point même relatif au nègre ; il est uniquement fondé sur un désir de lucre, sur une vue mercantile, sur son ancienne rivalité et jalousie avec la France, sur la crainte de voir celle-ci s'emparer de nouveau d'une branche de commerce perdue depuis la révolution, la plus importante de toutes celles dont elle était en possession, la vente presqu'exclusive des denrées coloniales dans tous les marchés de l'Europe, que l'Angleterre obtiendrait et conserverait sans partage, si les colonies françaises et étrangères ne pouvaient plus recruter leurs ateliers , si surtout Saint-Domingue ne pouvait reprendre le rang et l'importance qu'elle s'était légitimement acquise par ses richesses, et lesquelles étaient devenues la source de toute prospérité publique et particulière. Il est encore fondé sur le désir de conserver éternellement cette supériorité, cette prépondérance et cette suprématie maritime qu'elle vient d'acquérir par l'effet de notre révolution, par les erreurs insensées de l'étranger qui nous gouvernait, et par l'impossibilité où se trou-vera la France et les autres États posses-sionnés aux colonies de pouvoir jamais ré-tablir cet équilibre sur les mers, aussi im-portant que celui du continent, s'ils sont privés de la traite et par-là de toutes leurs ressources coloniales, à la seule faveur des-quelles elles pourront revivifier leur indus-trie, leur commerce, et se créer une marine militaire.

Les colonies anglaises situées dans le grand archipel occidental, ne sont plus suscepti-bles d'un accroissement de cultures, à l'ex-ception peut-être de la Jamaïque (1) ; quel-ques-unes sont déjà dans un déclin sensible,

---

(1) Je dis peut-être, parce qu'aussitôt la destruc-tion de Saint-Domingue commencée, beaucoup d'ha-bitans de cette colonie se sont rendus à la Jamaïque, et y ont établi des cafeyères considérables avec des capitaux anglais, lesquelles peut-être sont encore sus-ceptibles de quelque accroissement. Cette culture était avant ignorée ou négligée, et sans la révolution, ou plutôt l'anéantissement de Saint-Domingue, elle n'y aurait jamais pris naissance, ou, pour mieux dire, il aurait été impossible aux Anglais de pouvoir nous supplanter ou égaler dans cette branche de commerce, laquelle désormais leur appartiendra exclusivement comme toutes les autres.

et toutes, sans exception, sont suffisamment
et abondamment pourvues de nègres pour
leur exploitation. Long-temps avant la révolution, leurs ateliers devaient être presqu'au
complet, puisque les armateurs de cette
nation vendaient une grande quantité de nègres aux nations étrangères, particulièrement
aux Français, par la voie interlope ; et pendant toute la durée de larévolution, où la traite
française a été supprimée de fait, et avant
qu'elle n'ait été abrogée par le parlement britannique pour ses propres colonies, les colons ont eu tout le temps et les moyens de se
procurer amplement, et à bas prix, tous ces
instrumens premiers et indispensables pour
la culture des terres.

L'abolition de la traite ne peut donc, quant
à présent, porter aucune atteinte aux droits ni
aux intérêts des colons anglais et de leur métropole ; elle leur est au contraire singulière-
ment profitable et avantageuse par cela seule
qu'elle est nuisible aux colons français, qu'elle
entrave, paralyse l'industrie et le commerce
national dans toutes ses branches. Si par
la suite elle devient nécessaire et indispensable pour les colonies britanniques, et lorsque celles des autres puissances seront aban-
données ou dans un discrédit total, le génie

de cette nation , essentiellement commercial , saura prendre toutes les formes , se
plier à tous les évènemens et à toutes les
circonstances , se procurer des nègres par
toutes les voies obliques et détournées. Si
ces moyens ne suffisaient pas , le commerce
réclamera et obtiendra de nouveau la liberté
de la traite ; et quelle serait alors la nation ,
je le demande , qui pourrait s'y opposer ,
comme elle vient de le faire en intimant ,
en quelque sorte , les ordres de son gouvernement et la volonté de son sénat? L'Afrique
toute entière est-elle donc devenue , comme
le Bengale , le patrimoine , le domaine suprême et indisputable de l'Angleterre, pour
vouloir y restreindre , limiter le commerce
de toutes les nations européennes dans la
branche la plus importante, celle relative a
leurs possessions occidentales ? Et cette
puissance est-elle donc véritablement la dis-
pensatrice de toute justice , la régulatrice de
tous les droits, le juge , l'arbitre et le mo-
dérateur des intérêts publics et particuliers
des nations? Et celles-ci ont-elles besoin
(et n'est-ce pas une injure que de le supposer?) de recevoir son impulsion et ses
commandemens pour faire ce que la raison,
l'équité et les convenances sociales réclament.

de chacune d'elles en particulier ? Enfin, si elle réussit dans ses projets quant à l'Europe, peut-elle se flatter qu'elle obtiendrait la même condescendance de la part des puissances orientales, qui enlèvent de ces contrées une foule d'individus (soixante mille par an) consacrés à leur service, et dont quelques-uns sont privés de leur qualité d'homme ? Non, sans doute ; la traite subsistera donc toujours sur quelque point de l'Afrique, et qu'importe, au surplus, à l'Angleterre et la liberté et la mutilation des nègres, si elle parvient à conserver sa prééminence en Europe, et à empêcher le rétablissement des colonies ?

Saint-Domingue, par la variété et la fertilité de son sol, par l'industrie continuelle et sans cesse active de ses habitans, par ses nombreux capitaux tant fixes que circulans, était devenue une des propriétés les plus riches et les plus précieuses du globe, et produisait à elle seule autant que toutes les autres possessions européennes aux Antilles, prises ensemble. Son seul produit en café, de plus de quatre-vingt millions pesant, était supérieur à celui qu'offrait tout le monde commercial : exemple unique et admirable de ce que peut l'activité industrieuse d'une poignée de Français sur un sol fécond et abandonné à sa seule impulsion ! Elle renfermait dans son sein cinq cent mille esclaves ; et on présume que la guerre, les émigrations, le défaut de subsistances, les maladies de toute espèce, leur état d'abandon et de brigandage, leurs exécutions et cruautés sur plusieurs des leurs, ont réduit ce nombre au-dessous de la moitié, depuis que la révolte, arrivée en 1791, y a éclaté.

Actuellement, si la traite ne doit se prolonger que pendant cinq années, cette mesure serait, quant à la France et aux colonies, une véritable dérision, si elle n'était une injustice manifeste. D'abord, quant à Saint-Domingue, il ne serait ni convenable, ni prudent, il serait même dangereux d'introduire de nouveaux nègres dans la colonie, avant que les anciens n'aient été réduits, assujettis de nouveau au travail et à la discipline, ramenés et accoutumés comme par le passé à fléchir à la voix et sous l'autorité de leurs maîtres, et avant que le terrein ne soit défriché, planté en vivres, les demeures des maîtres et des cultivateurs réédifiées. En supposant que ce préalable indispensable réclame seulement deux années, ce qui n'est assurément pas trop, en consi-

dérant de plus l'époque incertaine du départ
et de l'arrivée dans la colonie, de la réoc-
cupation et du ressaisissement de toutes les
propriétés, il faudra donc que, dans l'es-
pace de trois années, la colonie reçoive à
elle seule, et par le seul commerce de la
métropole, tout autre étant interdit, trois
cent mille nègres, par le moyen desquels, et
conjointement avec l'intelligence et l'industrie des maîtres, elle parviendra à reprendre
par degrés son ancien état de splendeur et
de prospérité.

Mais il est assez évident que ces trois années sont insuffisantes pour atteindre à ce
but, puisqu'il faudrait, pendant la courte
durée de cette période, introduire à peu
près cent mille nègres par an; achat qui serait incompatible avec la sûreté des colons,
avec l'ordre et la distribution des travaux,
nullement en proportion avec la pénurie
et la nullité de leurs moyens, avec les ressources de la métropole, dont les capitaux
seraient insuffisans pour faire marcher un
pareil commerce avec les autres branches
de son industrie; et achat qu'il serait impossible de réaliser sur les côtes d'Afrique,
puisque toutes les nations européennes n'im-
portaient toutes ensemble et annuellement

que ce nombre total dans le temps de leur plus grande prospérité. De cette impossibilité constatée, il résulte que les colonies françaises, ne recevant de leur métropole qu'une foible importation de noirs, répartie entre elles, et encore dans une proportion défavorable pour Saint-Domingue, attendu l'anéantissement de ses produits, languiront toutes dans un état de médiocrité, et finiront par déchoir complètement. Dans cette situation embarrassée et décroissante, elles produiront et consommeront moins, ne pourront plus fournir à la totalité des besoins et des consommations du royaume, et elles pourront encore moins supplanter, ni même rivaliser avec l'Angleterre dans tous les marchés de l'Europe, dont celle-ci deviendra pour lors le seul et unique approvisionneur. C'est-là l'objet final qu'elle se propose et qu'elle a atteint par le fait de la révolution et de l'anéantissement complet de Saint-Domingue. La suppression de la traite, qu'elle force les autres gouvernemens d'adopter, et l'impossibilité qui en résulte pour cette dernière colonie de sortir de ses ruines et de ses décombres, lui assurent, sans concurrence, le monopole des denrées coloniales, au grand désavantage du commerce, de l'industrie et de la puissance maritime des nations européennes.

Le seul avantage commercial considéré au dehors, ou plutôt le principal et le plus important de la France sur celui de l'Angleterre, était précisément la vente de ces mêmes denrées coloniales, particulièrement celle du sucre et du café, qu'elle perdrait à jamais et sans retour par l'abolition de la traite; tandis que l'Angleterre, par cette même mesure, jouirait impertubablement et sans partage, de cette branche de commerce extérieur, non moins importante que lucrative, en même temps qu'elle conserverait toutes celles dont elle est depuis si long-temps en possession, celle des manufactures, et qu'elle doit à une foule d'avantages dont il serait presqu'impossible de la dépouiller. Il suffit, sans doute, de constater cette double importance, pour faire sentir à la France l'intérêt qu'elle doit mettre à reclamer, à poursuivre et à s'assurer, de ses seules ou principales ressources commerciales, la possession de ses colonies, avec toutes les attributions, tous les priviléges et toutes les prérogatives qui en sont inséparables.

Indépendamment de l'anéantissement de Saint-Domingue et de l'impossibilité de son rétablissement, il n'y a pas de doute aussi que l'abolition de la traite porterait sur-le-champ un préjudice notable aux propriétés coloniales, ruinerait les petits propriétaires et ceux dont les habitations sont grevées de dettes (1), augmenterait la détresse générale, et serait nuisible aux esclaves mêmes, ferait baisser la valeur des biens fonds, et par la suite et en peu de temps, elle causerait une diminution sensible dans tous les produits, par le défaut de bras, aucune personne instruite n'ignorant que les nègres sont incomparablement plus nombreux que les négresses, ce qui empêche que les naissances puissent jamais égaler les mortalités.

---

(1) « Dans ce cas (la réduction des nègres par le défaut d'importation), on les fait travailler au-delà de leurs forces, ou on les excite à la rébellion, ou le planteur est obligé de se borner à l'étendue de la terre qu'il peut cultiver, et devient, par ce moyen, incapable de payer de justes dettes. Ce tableau de détresse n'est point l'effet de l'imagination ; ces maux furent sentis dans toute leur rigueur à Démérary, à l'époque où l'on prohiba l'importation des esclaves. » (Extrait de l'ouvrage de *Bryan Edwards*, sur les colonies.)

Les produits devenant moindres de jour en jour, les colonies ne présenteraient plus au commerce de la métropole les mêmes avantages que dans son ancien état de splendeur, et leur possession pourrait alors être regardée comme onéreuse, ou au moins inutile.

Les ennemis des colons ont prétendu que les mauvais traitemens infligés aux esclaves étaient la cause qui s'opposait à leur reproduction ; mais ils n'ont prouvé par-là que leur malveillance invétérée et leur ignorance habituelle.

D'abord, faisons observer que les négresses ne vont jamais à la guerre, et sont aussi moins sujettes que les hommes à commettre des délits qui emportent la condamnation de la perte de la liberté ; en second lieu, la polygamie étant d'un usage général en Afrique, l'exportation des femmes doit être considérablement moindre que celle des hommes. On ne peut, par conséquent, importer aux colonies un aussi grand nombre de ces premières que de ces derniers, et de cette inégalité dans les deux sexes résulte une impossibilité physique à maintenir la population générale au même degré où elle se trouve momentanément à chacune des époques des importations particulières. En l'année 1788,

2

époque de la plus grande prospérité de Saint-Domingue, il fut importé dans cette colonie 29,506 esclaves, 7,040 femmes et 2,547 filles ; le reste était composé d'hommes et de garçons, au nombre de 19,919 (1) ; c'est un peu plus du double de celui des femmes et des filles, et cette proportion s'était maintenue à peu près de même toutes les années, depuis l'établissement de la colonie.

Faisons observer encore que les nègres sont sujets à deux maladies qui en enlèvent un très-grand nombre, le mal d'estomac, et le mal de mâchoire, et qu'on n'a trouvé encore aucun remède contre cette dernière maladie, qui fait périr, sur nombre d'habitations, les trois quarts ou la moitié, et quelquefois la totalité des enfans nouveau-nés ; qu'ils sont excessivement adonnés à toutes les jouissances, à tous les excès de l'amour, vivant habituellement avec plusieurs négresses, qui ne sont pas moins débauchées ; que les uns et les autres contractent des maladies vénériennes qu'ils s'efforcent de cacher, et qu'on ne découvre qu'après qu'elles ont fait les plus grands ravages ; que toutes ces causes, indépendantes des colons, doivent nuire à la population, et

(1) Voyez l'*Almanach Colonial* de cette année.

la ferait nécessairement rétrograder , si elle n'était perpétuellement entretenue et augmentée par l'émigration africaine.

Mais si la diminution des nègres ne peut être attribuée au traitement sévère des maîtres , il faut cependant convenir que l'abolition de la traite peut produire ce mauvais effet , en mettant les habitans dans l'indispensable nécessité de subvenir à tous leurs engagemens et à tous leurs autres besoins , avec des capitaux qui iraient toujours en diminuant. Voici la réponse que fit à ce sujet un auteur anglais à M. Wilberforce , que je crois devoir consigner ici , parce que , quand on a saisi le point de la discussion , et qu'on l'a éclairci par un raisonnement vrai et concluant, il serait inutile , dangereux , de le compliquer, de l'obscurcir par de nouveaux raisonnemens.

« M. Wilberforce suppose que la dimi-
» nution des nègres provient du traitement
» sévère des planteurs , ou de leurs éco-
» nomes ; nous consentons à ce que cette
» proposition soit admise. Actuellement ,
» dit-il , l'abolition de la traite empêchera
» qu'on ne puisse augmenter son atelier par
» aucune acquisition , ou par aucun autre
» moyen que celui de l'encouragement à
» accorder à la population ; accordé. De là ,

» et par la suite, on sera forcé d'adopter
» un réglement plus doux envers les es-
» claves : point du tout. Pourvu que cette
» incapacité à se pourvoir d'esclaves existe,
» il est indifférent qu'elle soit produite par
» un acte de la législature ou par toute
» autre cause. Mais, dès à présent, plusieurs
» planteurs se trouvent dans l'impossibilité
» de pouvoir acheter des esclaves ; et si
» vous voulez examiner toutes les îles, vous
» verrez constamment que c'est sur les ha-
» bitations dont les propriétaires sont les
» plus pauvres, où il y a une plus grande
» mortalité. » (L'expérience journalière
constate en effet, et amplement, cette vé-
rité de fait.

« Le traitement sévère envers les esclaves
» provient toujours de la détresse des maî-
» tres ; et M. Wilberforce nous en a donné
» une fort bonne raison. L'intérêt, dit-il, est,
» sans contredit, un des principaux res-
» sorts de toutes les actions humaines ;
» mais c'est un intérêt immédiat, présent,
» et non éloigné, quelque réel qu'il soit,
» qui a le plus de pouvoir sur nos détermi-
» nations. — Le colon mal aisé sait que,
» par un traitement sévère, le nombre de
» ses esclaves diminuera, et que sa ruine
» en sera probablement la conséquence ;

» mais il persévèrera, parce qu'il préfère
» une détresse éloignée à une détresse pré-
» sente et immédiate. N'est-il pas évident
» que, dans une pareille situation, la plus
» grande partie du genre humain se con-
» duirait de la sorte ? Un petit nombre de
» colons, qui réunissent l'opulence à l'éco-
» nomie, diminueront leur culture, dans
» l'espoir d'un avantage futur ; mais, dans
» toutes les occasions et situations de la
» vie, la majorité des hommes sont prodi-
» gues, imprudens et inconsidérés (1) ».

On pourrait peut-être aller plus loin, et démontrer ici à M. Wilberforce que le parlement britannique, malgré sa puissance et toutes ses hautes prérogatives, n'a pas le pouvoir légal d'abolir la traite, ou, s'il le possède, il n'a pas incontestablement celui d'empêcher les colons de se procurer des esclaves, ou de se livrer à un genre de commerce qu'il croit ne devoir plus permettre ou autoriser dans la métropole, mais dont l'abandon entraînerait la ruine de ces mêmes colons.

C'est en vain que M. Pitt, dans son discours adressé à la chambre des communes

______

(1) Extrait d'une lettre écrite à M. Wilberforce par Philo-Africanus, et publiée en l'année 1792.

en 1792 , avance que le parlement ne s'est
point lié par une sorte de contrat et d'en-
gagement public , à permettre pour toujours la continuation de la traite ; qu'elle
peut être anulée en tout temps, et suivant
le bon plaisir du parlement, comme il peut
restreindre et abolir les différens genres de
commerce qu'il a précédemment autorisés.

Ces différens genres , ces différentes branches particulières de commerce peuvent être
successivement interdites, sans que la nation
ou l'individu en éprouve aucun dommage,
parce que les objets auxquels elles se rap-
portent, et les capitaux qui les mettent en
mouvement étant des capitaux circulans, peuvent se transporter facilement, et sans aucun
inconvénient, d'une branche interdite à une
branche nouvelle ou conservée. Mais le commerce de la traite, quant aux colons, portant
tout à-la-fois sur des capitaux fixes et circulans,
étant la base fondamentale et permanente des
productions et valeurs coloniales, le seul gage
qui assure et maintienne la valeur des biens
fonds, le principe créateur et conservateur de
toutes les transactions, de tous les engagemens personnels, son abolition entraînerait la
dégradation et la ruine de tous ces établissemens, de tous ces capitaux fixes, qui ne

pourraient être aliénés, convertis ni trans-
portés dans aucune autre branche de culture
ou d'industrie.

On peut donc soutenir avec pleine assu-
rance, que tout gouvernement qui a permis et encouragé de toutes sortes de ma-
nières un genre de commerce à la seule
faveur duquel des biens fonds d'une nature
particulière ont été créés, et dont le main-
tien est nécessaire à la conservation de
ces mêmes propriétés, accrus et améliorés
par plusieurs générations successives, lesquelles y ont répandu profusément et leur
industrie et leurs capitaux ; on peut soutenir qu'un pareil gouvernement n'a plus légitimement le droit d'interdire ce commerce,
lorsque surtout cette interdiction causerait
la ruine d'une classe nombreuse de la société,
dont les travaux ne peuvent être découragés
ni interrompus sans blesser, sans violer ses
droits essentiels et les plus chers, non moins
sacrés que ceux de la métropole.

Si donc le parlement n'a pas le droit d'a-
bolir la traite en Angleterre ni dans ses
propres colonies, à plus forte raison ne le
peut-il chez une puissance étrangère, et encore moins en faire un article particulier
d'un traité de paix, lequel ne doit et ne peut

embrasser que les rapports , les intérêts généraux et communs des nations , en laissant à chacune d'elles le droit incommutable de régler arbitrairement, sans contrôle et sans intervention quelconque , même sous la forme de supplique ou de demande , tout ce qui tient à leur intérêt particulier, dont elles sont et demeurent les seuls juges, les seuls régulateurs. Qui ne voit également que par-là il ne porte une atteinte directe , contraire à tous les principes d'ordre , de justice et de sûreté générale, aux droits , à la liberté et à l'indépendance des nations européennes ? N'est-ce pas, en effet, cette politique insensée et anti-européenne de la France sous l'usurpateur , celle de vouloir asservir les différens Etats à ses lois, à son régime particulier, à son système continental, dernier objet qui se rapportait uniquement à ces mêmes lois prohibitives du commerce, en faveur d'une seule nation contre toutes les autres, qui a indigné et soulevé l'Europe entière contre elle ? De quel droit donc l'Angleterre réclamerait-elle, exercerait-elle aujourd'hui cette puissance et cette politique qui viennent d'être généralement proscrites par les efforts et les succès dés alliés?

Si cependant , par des motifs d'humanité

mal entendus ; par des vues hostiles contre les colons, ou à l'instigation des gens mal-veillans ou ignorans, le parlement d'Angleterre persiste dans sa toute-puissance à vouloir abolir la traite, la colonie a incontestablement le droit de se saisir d'une branche de commerce abandonnée ou proscrite, laquelle forme dès-lors une exception, et ne saurait plus être comprise dans le régime exclusif de la métropole. Si, opiniâtre dans ses vues, il veut l'interdire également aux colons, cette mesure sera d'abord injuste, ensuite de toute inutilité ; injuste, en ce que par là il viole gratuitement le pacte originel et tacite par lequel il leur doit une protection constante, et qu'il n'y en a pas de plus importante, de plus sacrée que celle relative à la perpétuité des travaux et à la conservation des propriétés ; inutile, en ce que les colons, à moins de supposer que la traite ne soit proscrite par toutes les nations européennes, par une mesure commune et générale, et c'est là, on n'en peut douter, où tendent les vues et les efforts des Anglais, les colons sauront bien se procurer des esclaves par la voie interlope, malgré les gênes et les entraves qu'il y apporterait. Si enfin, par des mesures sévères, il parvenait à écar-

ter le commerce étranger, il commettrait
l'acte le plus injuste et le plus tyrannique
envers ses colonies , déterminerait ou amè-
nerait , autant qu'il dépendrait de lui ,
leur déclin et leur dépérissement ; com-
mencerait par être supplanté dans les marchés de l'Europe , et finirait par être sup-
pléé dans son propre sein , de toutes les
productions coloniales , par les nations qui
auraient eu le bon esprit de conserver la
traite ; il perdrait enfin , et en définitif,
tous les avantages d'un commerce qui tend
à donner à ses propres productions une si
haute valeur, à augmenter la masse de ses
capitaux productifs, à lui procurer une puissance qui n'importe pas moins à sa gloire
qu'à ses intérêts les plus chers.

Tels sont les résultats définitifs, inévita-
bles de projets et de systèmes de lois enfan-
tés par une philosophie fausse et exaltée ,
qui met en oubli et dédaigne ce que la politique , la constitution de l'Etat , les intérêts et les besoins nationaux commandent
impérieusement , et qui feint de croire que
la morale et la justice universelle sont ses
seuls guides ses seuls régulateurs.

S'il en est ainsi, pourquoi donc M. de
Wilberforce et tout son parti ne tonnent-

ils pas en plein parlement contre la tyrannie
que leur gouvernement exerce sur plusieurs
points du globe, contre les déprédations et
les pirateries sans nombre qu'il commet en
mer ; contre cet enlèvement des bâtimens
marchands avant toute déclaration de guerre,
au mépris du droit des gens et de tous les
traités particuliers ? Pourquoi ne s'élèvent-
ils pas tous ensemble contre cet injuste en-
vahissement des provinces de l'Inde, empire
inique et vexatoire s'il en fut jamais, acquis
et cimenté par des flots de sang, par le dé-
trônement et la dépouille des princes du
pays, par les dissentions, les troubles et la
guerre qu'il provoque continuellement et de
toutes parts, par des exactions et des ex-
torsions qui livrent un peuple entier à la
misère, à la famine, sous laquelle plusieurs
milliers d'hommes ont déjà succombé, et où
une poignée d'aventuriers et de marchands
avides tiennent asservis, sous des lois arbi-
traires et leur régime fiscal, une population
de près de trente millions d'hommes, qu'ils
pressurent et torturent de cent mille ma-
nières différentes, conjointement avec des
employés et des agens de toute espèce; et après
s'être tous engraissés du sang de leurs vic-
times, et chargés d'un butin immense, ils les

abandonnent à d'autres sang-sues , et s'em-
pressent à se rendre dans leur pays , où plusieurs parviennent à siéger dans le conseil
national , à se faire décorer de titres , et
quelquefois de la pairie ? Pourquoi ne dé-
clament-ils pas contre ces traités honteux
et avilissans , par lesquels leur nation, pour
la seule considération d'un intérêt mercantile , consent à devenir tributaire des puissances barbaresques , lesquelles, nonobstant
ces traités , s'emparent de leurs compatriotes, en font des esclaves, les rançonnent,
lorsqu'il serait plus juste et plus glorieux de
les forcer à suivre et à adopter les principes
de la civilisation moderne, en les ramenant à
des sentimens de justice et de modération ?

Et passant ensuite à leur administration
intérieure, je leur demanderais pourquoi ils
ne font pas entendre leurs voix contre la
presse , cet établissement odieux et bar-
bare par les moyens qui y sont adoptés ,
qui porte une atteinte directe aux droits du
citoyen , et contraint plusieurs à exercer
une profession à laquelle ils ne sont nullement habitués ? Pourquoi ne s'opposent-ils
pas à ce transport continuel de leurs compatriotes Irlandais aux Etats-Unis de l'Amérique septentrionale , à ces cargaisons, non

de noirs, mais de blancs, de ces blancs qui trafiquent de leur liberté, et consentent, pour le modique prix d'un passage *gratis* au travers de l'Atlantique, à devenir des engagés, dépendance servile pendant sa durée, et qui ne diffère de celle des colonies qu'en ce que l'une est temporaire, et l'autre perpétuelle ; différence encore au désavantage de ces derniers, puisqu'ils étaient déjà en possession de leur liberté, ainsi que d'une partie des bienfaits attachés à la civilisation ; tandis que les autres en sont presque généralement et constamment privés dans leur pays natal ?

Pourquoi persistent-t-ils, avec un acharnement, une malveillance extrême, à refuser à une nation entière (1), confondue avec elle,

---

(1) L'Irlande, qui, sur une population de quatre millions d'hommes, compte trois millions cinq cent mille catholiques romains. Ce ne fut qu'après la dernière révolution, sous Guillaume III, que cette portion nombreuse fut exclue du privilége commun de voter, que possèdent toutes les autres classes, même les dissidens. Ainsi cette révolution, qui forme une époque glorieuse et d'exaltation nationale, qui est célébrée annuellement et avec enthousiasme par ses partisans, a été et continue d'être pour les catholiques d'Irlande celle de leur oppression et de leur dégradation générales. Il n'y a jamais eu de peuple ni de secte

du même sang , ayant les mêmes mœurs et
les mêmes habitudes , leurs franchises et

qui ait été assujéti à une foule de lois plus injustes ,
plus inquisitoriales et plus oppressives ; leur nomen-
clature seule en est effrayante.

Dans les débats qui eurent lieu il y a plusieurs années, dans la chambre des communes, sur la suppression de la traite et sur la pétition des catholiques d'Irlande , la première de ces mesures n'a été rejetée que
de quelques voix , et depuis sanctionnée par toutes les
branches de la législature ; la seconde a été écartée
par une très-grande majorité , et n'a pu recevoir encore , dans tous ses points principaux , l'assentiment
de cette assemblée. On peut juger par-là de son esprit et de son équité, des vues humaines et généreuses
qu'elle montre pour des nègres qui leur sont étrangers
sous tous les rapports , en même temps qu'elle manifeste une malveillance et une injustice extrêmes pour
des compatriotes, par cela seul qu'ils professent l'an-
tique religion de leurs pères , principe d'intolérance
que tous les gouvernemens, même les moins éclairés ,
ont généralement proscrit. Cette injustice, cette intolérance religieuse, cette contrariété choquante se sont
prolongées , se perpétuent jusqu'au moment actuel
dans leurs débats journaliers ; leurs papiers publics
et le *Moniteur* en portent des témoignages éclatans.

Plusieurs membres, dans les deux chambres, viennent
de renouveler leurs attaques contre la traite, contre cet
article du traité qui autorise sa continuation pendant
encore cinq années pour la France , qu'ils désirent de
voir abréger et finalement annuler dans le prochain

et la participation aux droits communs? injustice d'autant plus criante, qu'elle en a

congrès. A cet effet, ils ont fait la motion expresse que le régent sera invité à employer l'influence et les efforts des plénipotentiaires britanniques pour obtenir de toutes les puissances européennes ce vœu national, l'expression de leurs tendres sentimens et de leur amour expensif pour de pauvres infortunés.

Pendant la durée de la session actuelle, qui vient de se terminer, toutes les questions importantes ont été discutées, à l'exception de celle qui concerne les catholiques d'Irlande. Je demande si aucune législature présente une suite d'injustices et de contrariétés aussi choquantes dans le moment même où elle avait tant de motifs, tant d'intérêts à les faire disparaître, si elle ne voulait pas se trouver en opposition avec elle-même, avec le cri de sa conscience, avec ce que la justice réclame si puissamment en faveur d'une partie si considérable de ses propres compatriotes.

Qu'auraient dit le gouvernement britannique et une foule d'Anglais si, dans ce même traité, par une sorte de représaille, on eût inséré et insisté sur l'émancipation générale des catholiques d'Irlande, des hommes de la même communion que nous, pour les faire jouir de leur liberté politique et religieuse, dernière liberté aussi et peut-être plus importante, plus chère que celle de la liberté naturelle? Car celle-ci n'affecte et ne pèse que sur les corps, tandis que l'autre est un attentat sacrilége sur ces mouvemens intérieurs, ces émotions secrètes, ces vérités intimes et pénétrantes qui proviennent d'une source toute divine, et les-

joui autrefois et de toute ancienneté , n'en
a été dépouillée que par la force , et que

***

quelles ne sauraient être dès-lors assujéties aux juge-
menscontradictoires, versatiles des hommes, et à toute
leur police réglementaire. Leurs hommes d'état et
leurs écrivains publicistes , leurs journalistes et leurs
pamphlétaires, en réclamant les droits inprescripti-
bles et l'indépendance de leur nation , se seraient permis d'exhaler contre les Français et leur gouvernement, dans des écrits virulens et enflammés , tout ce
que leur esprit, leur imagination et leur patriotisme
leur auraient inspiré. Que n'avons-nous donc pas
droit à notre tour d'exprimer , nous qui avons reçu
une atteinte non moins directe que funeste dans
l'exercice de nos franchises et de nos libertés nationales ?

Dans le moment que j'écris ceci , je lis dans le
Morning Chronicle les pétitions de plusieurs villes de
commerce de l'Angleterre , adressées au parlement.
Ces pétitionnaires , après avoir invoqué vaguement
les principes de l'humanité en faveur de la suppression de la traite , finissent par déclarer nettement
que sa continuation , même momentanément pour la
France , rendra bientôt à ses colonies leur ancienne
splendeur , et elles deviendront par-là, disent-ils, les
émules et les rivales de celles de l'Angleterre. Voici
des particuliers intéressés , moins circonspects ou plus
francs que le gouvernement et ses orateurs , qui té-
moignent sans ambiguité et détours les vrais motifs de
leurs inquiétudes , de leur ambition , de la politique
anglaise enfin relativement à cette grande question de

cette exclusion aux avantages communs l'expose à des injures multipliées , lui enlève toute garantie pour ses autres droits , et la met dans une dépendance réelle et servile. Pourquoi ne s'occupent-ils pas enfin, avec autant de sollicitude que de persévérance , à perfectionner toutes les parties de leur administration , à découvrir et à faire disparaître les vices qu'elle recèle , dont plusieurs sont très-apparens et d'une longue durée , au lieu d'employer et de consommer tout leur temps à des combats particuliers, à des luttes de parti , qui ont toutes pour objet leur installation aux premières places et dignités de l'Etat , l'avancement de la faction dont ils sont membres , ou de leurs intérêts propres et individuels, par la vente de leur suffrage et de leur honneur? C'est que l'abus de cette puissance et de cette autorité , ces conquêtes, ces concussions, leur sont plus ou moins utiles ou profitables , ou que les inconvéniens qui en naissent ne sau-

---

la traite. Il me semble que la conclusion que nous en avons déduite est aujourd'hui apparente pour tout le monde , et n'est pas moins évidente qu'inattaquable.

raient les atteindre ; tandis que la suppression de la traite leur permettant d'exhaler li-
brement des sentimens exagérés, qui en deviennent d'autant plus faux et hypocrites ,
n'entraîne pour eux aucune perte , aucun
sacrifice et aucun danger ; leur assure, au
contraire , le grand objet de leur ambition
politique et finale , le monopole exclusif du
commerce , et la destruction , l'annihila-
tion complète des colonies françaises et
étrangères , par l'impossibilité où elles se
trouveront de pouvoir jamais donner à leurs
cultures , à leur industrie et au commerce
national , toute l'étendue , le mouvement et
l'activité que leurs intérêts et leurs besoins
communs commandent également.

Cependant , leur ajouterai-je , tous ces
attentats , toutes ces injustices, tous ces
excès de l'ambition , auxquels vous vous
livrez sans remords , sont , par leur étendue et leur énormité , infiniment au-dessus
des inconvéniens et des vices résultans de
la traite ; et le premier , le plus important
des devoirs d'un législateur et d'un homme
d'état, c'est sans doute, avant tout, de faire
cesser ou d'apporter des remèdes à des maux
si graves et si compliqués, qui vous con-

cernent immédiatement, et entrent plus directement dans la sphère de vos obligations
naturelles et sociales.

Quand vous aurez donc, les uns et les
autres, rendu aux nations de l'Europe, qui
sont toutes liées par des traités ou par des
engagemens tacites qui forment la morale
publique et le droit des gens, la justice à
laquelle elles ont droit de prétendre, abjuré
tout système de piraterie et monopole de
commerce; quand vous aurez affranchi des
peuples que vous avez injustement conquis,
et que vous faites fléchir sous une domination étrangère et tyrannique, incompatible
avec leurs mœurs et leurs habitudes; quand
vous aurez restitué à une nation entière, faisant partie de l'empire et formée du même
sang, leurs priviléges et leurs franchises;
quand vous aurez mis pour toujours vos
compatriotes à l'abri de l'esclavage, des ex-
cursions des régences barbaresques; quand
vous vous serez ainsi acquittés religieusement
de vos devoirs, et que vous aurez assuré les
droits de tous, il vous sera loisible, permis, et
non avant, de porter votre sollicitude sur les
nègres, de vous en occuper concurremment
avec les colons, et on pourra alors croire à la
sincérité, à la pureté de vos principes et de

vos intentions. Nous vous démontrerons
pour lors, et dans un écrit particulier , que
les nègres sont une espèce particulière et
inférieure à celle des blancs ; que la servitude , établie chez eux de toute éternité ,
est un principe de leur constitution, et inhé-
rent à leur organisation ; que la suppression
de la traite leur serait nuisible , funeste, et
augmenterait les calamités auxquelles ils sont
assujétis dans leur pays natal ; qu'ils sont
infiniment plus heureux aux colonies qu'en
Afrique; et que ce qui est utile, avantageux
aux nègres, aux colons, aux métropoles, et
nuisible à personne, est bon en soi, et ne
saurait être moralement injuste.

Les colonies sont évidemment des établissemens agricoles, commerciaux , et ce
n'est que sous ces deux et uniques rapports
qu'elles sont véritablement utiles, et qu'elles
importent aux métropoles. Plus elles produiront et consommeront, plus elles offri-
ront des moyens d'échange et de consommation , plus elles se conformeront et rem-
pliront l'objet de leur formation. Mais il est
assez évident qu'elles ne pourront y parvenir
qu'en maintenant la paix et leur tranquillité
intérieure par des lois sages, appropriées à
leurs localités et au système entier de leur

administration, et en tant qu'elles ne seront point contrariées ni retardées dans leur in-industrie , dans leur avancement progressif par la diminution des bras que réclament également le rétablissement de leurs cultures et l'exploitation d'un sol varié , étendu , renfermant dans son sein des richesses qui ne demandent qu'à éclore , et supérieures , peut-être , à toutes celles du Potosi.

En outre , les îles à sucre, par la faiblesse et le genre de leur population , par la nature même de leurs occupations , ne peuvent jamais devenir manufactières. Dès-lors elles offrent en tout temps un marché sûr et avan.tageux aux produits de l'art de la mère patrie , que celle-ci est intéressée à conserver exclusivement, et dont elle ne saurait faire l'abandon sans en éprouver le plus grand dommage. Car les nations ne sont vraiment jalouses et rivales les unes des autres, et ne peuvent se supplanter avec quelque avantage , que dans ce genre de produit , une seule pouvant suffire abondamment aux besoins de toutes les autres , en multipliant les pouvoirs productifs de l'homme, susceptibles d'un accroissement prodigieux et presque incalculable, par la division et sub-division du travail , et l'introduction des machines. La population et la prospérité générales d'une nation, dans le système moderne, la force et les ressources d'un État, dépendent essentiellement du nombre et de la prospérité des manufacturiers, et cette classe ne peut prospérer qu'en proportion du débit prompt, facile et étendu de toutes ses productions. Plus ce marché s'étendra et lui appartiendra exclusivement, plus la nation acquerra de force, de puissance et de richesse.

En supposant même qu'elles pussent devenir manufacturières, il serait de l'intérêt de la métropole de s'y opposer, en encourageant plus directement l'agriculture, en étendant et en fortifiant de plus en plus l'esclavage (1); et de toutes les productions du

---

(1) « Je ne puis avancer en confirmation de cette doctrine que l'établissement de l'esclavage dans nos colonies en Amérique a été faite avec l'intention d'encourager l'agriculture et de supprimer les manufactures dans le nouveau monde, parce que j'ignore les sentimens des politiques de ce temps-là. Mais s'il est vrai que la nature de l'esclavage soit d'être plus propre aux travaux de l'agriculture et aux autres opérations laborieuses, qui sont simples de leur nature, et en même temps de décourager toute invention et industrie, et si la mère patrie a besoin des productions de

sol, celles des îles à sucre sont les plus importantes et les plus précieuses à conserver, celles qui procurent le plus d'avantages
aux propriétaires et à l'Etat, celles enfin
qui assuraient à la France une prépondérance marquée dans tous les marchés communs.

Le commerce des Antilles forme donc

----

la première afin de pourvoir à la subsistance ou d'employer tous ceux qui sont occupés chez elle aux travaux de la seconde, alors je dois conclure que l'esclavage a été, sinon politiquement, au moins heu-
reusement établi pour opérer une pareille fin. En
conséquence, si une colonie où l'esclavage ne sé-
rait pas généralement établi, venait jamais à rivaliser avec l'industrie de la mère patrie, un des meil-
leurs moyens pour parer à cet inconvénient, serait
d'encourager, dans de pareilles colonies, l'introduction des esclaves sans aucune restriction quelconque,
et d'en abandonner les effets à leur impulsion naturelle. » (*Recherches sur les principes de l'économie politique*, par sir James Steward.)

Je ne sais si cet ouvrage est traduit en français,
mais il en est peu d'aussi profonds, d'aussi lumineux,
et il marche de pair, s'il n'est supérieur, avec celui
d'Adam Smith ; car on peut remarquer que ses principes dans la législation commerciale sont opposés et
suivis , de préférence à ceux de ce dernier , par le
gouvernement britannique.

tout à la fois une branche importante du commerce intérieur et extérieur de la métropole ; il a tous les avantages et la solidité de ce premier : c'est comme s'il ajoutait une province de plus à son territoire, et cette province lui est plus profitable qu'aucune des autres, que plusieurs ensemble, par la différence, la variété et la richesse de ses productions. Ces productions lui deviennent également indispensables, et comme objets de consommation dont elle ne peut se passer, et comme moyens d'échange et de richesses.

De toutes les branches du commerce extérieur, c'est encore celle qui est exposée à moins de variations et d'incertitudes, la plus fixe et la plus assurée, en ce que les consommateurs ne peuvent jamais se perdre ; la plus utile, par la quantité de vaisseaux qu'elle emploie à cette navigation, environ mille navires par an ; par le nombre des matelots qu'elle a créés et entretient, à la seule aide desquels la France peut former une marine militaire, non moins nécessaire à la protection de son commerce et de son industrie en général, qu'à la défense de tous ses autres droits ; la plus profitable, par des consommations en tout genre, vendues au plus haut prix, en même temps que les denrées coloniales sont achetées au plus bas, par le défaut de toute concurrence étrangère, ce qui est une suite nécessaire de notre dépendance, et équivaut à la plus forte taxe; la plus active, par les transactions multipliées et continuelles qu'elle nécessite; la plus favorable à son commerce en général, et à toutes les spéculations qui en dépendent, par le retour annuel d'une balance très-considérable, provenant uniquement des productions coloniales.

Suivant les livres de la douane, il paraît qu'en 1787, époque d'une prospérité prodigieuse, les importations de France, indépendamment des productions coloniales, s'élevaient à 230 millions, et les exportations à 200 millions seulement. La France exportait pour 150 millions en objets de diverses manufactures; en vins, eaux-de-vie et liqueurs, pour 40 millions, et vraisemblablement en bestiaux et grains pour 10 millions : elle importait des nations étrangères, comme matière première et indispensablement nécessaire, le fer, la laine, le lin, le chanvre, le coton, l'étain, le plomb, le cuivre, charbon de terre, bois, mâts, goudron, tabacs, épices, drogues, et même des huiles, et environ pour 27 millions de soie pour les manufactures (1).

Les importations de la France excédant les exportations de 5o millions, ce n'était qu'avec les productions coloniales qu'elle couvrait ce déficit, et trouvait encore une balance de 7o millions, dont 4o millions étaient convertis annuellement en argent monnoyé, tout à l'aventage de son commerce, de sa population, et de tous les genres d'industrie particulière.

Saint-Domingue recevait annuellement de la France pour à peu près 100 millions tournois, en nègres, en subsistances proprement dites et objets de manufactures, et ce dernier article entrait pour un tiers dans la fourniture générale ; et comme le commerce de Saint-Domingue peut être évalué aux deux tiers de celui que faisait la métropole avec toutes ses colonies, proportion observée de même dans les produits coloniaux de cette première, s'élevant à 200 millions, le montant des impositions

---

(1) Extrait d'un ouvrage sur les finances.

total es se montait donc à 150 millions. On peut juger, par ces vérités de fait, par ces tableaux comparatifs, et leur résultat, auquel on ne peut rien opposer, de l'importance des îles, surtout celle de Saint-Domingue, consommant à elle seule une masse énorme de productions de manufactures nationales, et présentant en tout temps des spéculations avantageuses et des retours assurés, qui répandaient le mouvement, la vie et le bonheur sur toutes les classes de la société.

Les personnes instruites en économie politique savent que c'est seulement depuis l'établissement des colonies et les rapides progrès qu'elles avaient faits dans les différens genres de culture dont elles sont susceptibles, que la France avait acquis un nouveau degré de puissance, de force et de richesse immense ; que c'est à cette même époque que son commerce s'est étendu et perfectionné dans toutes ses branches ; que son agriculture, son industrie et ses ressources en tout genre se sont développées, accrues et fortifiées. Peut-on, d'après cela, méconnaître l'utilité, l'importance des colonies, et la nécessité indispensable de leur prompt rétablissement, pour toutes

les classes laborieuses de la société, et pour
le plus grand avantage de l'Etat (1) ?

____

(1) « Le gouvernement saura rendre à la France,
à la culture, à la civilisation cette île de Saint-Domingue, cette superbe colonie que les raisonnemens abs-
traits et le fanatisme de nos orateurs et de nos écrivains politiques avaient livrée à des barbares, avaient
condamnée à la stérilité. Mais des propriétaires tota-
lement ruinés, pourront-ils relever leurs bâtimens,
repeupler leurs ateliers ? Le commerce, dépouillé de
ses richesses par la révolution, privé de toutes ressources par le discrédit commercial, sera-t-il en état
d'en fournir les moyens ? Saint-Domingue pourra-t-il
renaître de ses cendres, si le gouvernement ne pro-
digue pas aux colons les secours les plus abondans,
et si la nation ne lui fournit pas, par des impôts, les
moyens de multiplier ces secours ?

» Quel est celui qui pourrait murmurer d'une pareille contribution ? Serait-ce le commerçant, quand
ses relations avec cette île lui feraient gagner cent fois
plus qu'il ne lui en coûterait pour contribuer à la ré-
tablir ? Serait-ce le propriétaire, dont elle augmenterait le revenu par le grand débouché qu'elle four-
nirait pour ses farines et ses vins ? Serait-ce l'ouvrier,
dont elle améliorerait les salaires par le nombre prodigieux de bras qu'occuperaient ses consommations et
le commerce des denrées qu'elle produit ? Serait-ce
l'homme aisé de toutes les classes, dont le rétablissement de Saint-Domingue diminuerait les dépenses
par la baisse du prix des denrées coloniales, dont la

C'est en vain que les économistes préten-
dront ici que le commerce exclusif, désa-
vantageux, sans doute, pour les colonies ,
mais racheté par des avantages de premier
ordre, et qu'elles n'obtiendraient pas sans
cela , le soit également pour les métropoles , et que le commerce en général doit
jouir d'une liberté indéfinie, et n'être jamais
assujéti à aucune gêne , à aucune entrave ni
prohibition quelconque.

Cette doctrine spécieuse a été victorieu-
sement combattue , réfutée par plusieurs
écrivains (1), et elle est entièrement dé-
mentie par l'exemple de tous les peuples
commerçans et maritimes, anciens et mo-
dernes, et surtout par celui de l'Angleterre ;
elle ne pourrait même devenir vraie , qu'au-

---

consommation aujourd'hui est si générale? Serait-ce
l'homme sage, qui gémit depuis si long - temps du
malheur des colons ? Serait-ce l'insensé qui a con-
tribué à leur ruine? Non, il n'existe pas un seul Français qui puisse repousser, qui ne doive appeler l'im-
pôt nécessaire pour secourir une colonie aussi pré-
cieuse. » (*Considérations sur les Finances*, par M. de
Guer.)

(1) *Voyez* l'ouvrage de M. de Guer sur les finances,
où la doctrine des économistes français est examinée ,
discutée et réfutée complètement.

tant qu'elle serait généralement adoptée par toutes les nations. Jusqu'à ce qu'elles sous- crivent, par une mesure générale et com- mune, à affranchir toutes leurs colonies, ce qu'on peut regarder comme un projet chimérique, il ne sera de l'intérêt d'aucune d'elles en particulier, de commencer à ef- fectuer cette séparation, surtout pour celles qui sont inférieures en moyens industriels, et en capitaux, parce que tout étant plus cher, c'est-à-dire, coûtant plus de temps et de travail, elles perdraient sur-le-champ leur avantage propre, comme propriétaires des colonies, seraient bientôt supplantées dans les marchés communs ; elles auraient même de la peine à soutenir la concurrence sur leur propre territoire.

Nous dirons de plus que les Antilles sont des établissemens entièrement européens, dans les principes de leur formation origi- nelle comme dans toutes leurs dépendances et leurs accessoires. Elles sont peuplées, d'une part, par des Européens, les maîtres du sol et des propriétés, le législateur, les chefs et les administrateurs, qui ont rem- placé les Indiens, les premiers indigènes de ces contrées ; de l'autre, par une race noire continuellement transplantée, laquelle se trouve, comme dans son pays natal, assujétie au joug de la servitude, et par une classe intermédiaire provenue, en partie, du rapprochement des maîtres avec leurs esclaves, primitivement sans droits et sans priviléges, soumise à l'esclavage, et successivement affranchie.

Les Européens et leurs descendans, par leur industrie, avec le secours des esclaves et des capitaux de la métropole, ont les premiers défriché ce sol agreste et sauvage; l'ont embelli par la construction des villes, des ports et autres établissemens publics; ils ont acquis par-là un droit incommutable à la propriété d'un sol qu'ils ont, pour ainsi dire, créé, et sur lequel ils ont imprimé tous les traits et caractères européens, le perfectionnement d'une partie de leurs arts et de leurs sciences.

Ces établissemens ne ressemblent en rien à ceux de l'Inde, ou de la côte d'Afrique. Ces derniers sont de simples comptoirs, des factoreries des loges fortifiées, qui ne présentent que le spectacle de marchands forains, qui viennent y déballer leurs marchandises en payant certains droits; ou bien des conquêtes faites sur les naturels du pays, entretenues à grands frais et jamais assurées.

Car la nation conquérante étant en petit nombre, ne se fixant jamais sur le sol, les individus ne faisant que passer et se succéder les uns aux autres, ne se fondant jamais avec les naturels du pays, continuant à rester séparée et divisée par la différence des lois, des mœurs et du langage ; environnée sans cesse par une population nombreuse et indigène, par des nations guerrières et indépendantes, on voit sans peine que sa domination est constamment étrangère, contre nature, n'est assise sur aucun fondement stable, sur aucun principe commun ou naturel d'identité ou d'analogie ; que la souveraineté qu'elle exerce est précaire, fugitive, et n'est point, si je puis me servir de cette expression, implantée et enracinée dans le sol ; qu'elle peut être à chaque instant détruite sans que ces pays cessent d'exister ou d'être florissans ; tandis qu'au contraire, la destruction de la puissance européenne aux Antilles, si elle était possible, entraînerait inévitablement, et pour toujours, la ruine de ces riches et superbes possessions.

Tout ce qui pourra donc, par de nouvelles lois et par un système d'administration différent de celui qui a été suivi jusqu'à pré-

sent, porter atteinte ou affaiblir cette puissance, altérer ses traits et ses caractères
européens, serait hautement préjudiciable
aux colonies, en leur faisant perdre par degrés leur origine et leur ascendant, leurs
attributions et priviléges, leurs liaisons commerciales et de parentée, leur dépendance
et leur attachement envers leurs métropoles.

C'est par l'oubli de ces principes, c'est
par la violation de tous ces droits, c'est par
le renversement total d'un système fondé
sur la connaissance parfaite des hommes et
des choses, seule base de toute législation
raisonnable ou possible, c'est par la consé-
cration de principes et de système diamé-
tralement opposés que Saint-Domingue a
été ravagée et détruite, que l'autorité et la
prépondérance européennes ont été mécon-
nues et enfreintes, ses habitans généralement proscrits, persécutés et massacrés;
que cette colonie ne présente plus que l'as-
pect et les formes africaines, qu'une horde
de brigands qui s'entre-dévorent mutuelle-
ment, engendrent et perpétuent sur ce sol
ensanglanté, n'aguères si paisible et si for-
tuné, tous les fléaux qui peuvent ravager
et désoler la terre, affliger et consterner la
nature humaine.

4

Telle a été la fin malheureuse et déplora-
ble d'une colonie européenne où régnaient
la paix et l'abondance, qui s'acheminait gra-
duellement et sensiblement, par l'exercice
de tous les arts et de tous les travaux utiles
de l'agriculture, vers un état de prospérité
dont les limites étaient inconnues, presqu'in-
calculables, et dont les richesses coulaient
en fleuve d'or, et comme un nouveau pac-
tole, dans le sein de la métropole : telle a été
la fin tragique et à jamais lamentable d'une
population entière, qui a disparu compléte-
ment de dessus son sol par le fer et par le
feu, dont les individus échappés vivent er-
rans, dans la misère et les angoisses de toute
espèce, et dont la puissance éclairée, active
assurait la paix et le bonheur des différentes
classes, contribuait à la prospérité et à la
gloire nationales, formait le soutien, le ga-
rant et le ciment des droits et des intérêts
de la société entière. Si cet exemple de mal-
heurs et de crimes, unique dans les annales
du monde, ne guérit pas pour toujours la
métropole de tous ces systèmes erronés et
homicides, de cette malveillance et persé-
cution parricide contre des colons, des
Français et des frères, il faut désespérer du
sort futur de la colonie et de ses habitans,

et porter nos pas, nos espérances dans d'autres contrées et d'autres climats.

Mais non, l'aurore d'un nouveau jour
éclaire déjà tout l'hémisphère orientale ; des
rayons resplendissans de gloire s'élancent du
sein du firmament, et font apparaître à l'uni-
vers prosterné cette auguste famille des Bour-
bons, environnée de la présence, de tout
l'éclat de la majesté divine, et offrant, en
signe de réconciliation et d'une nouvelle
alliance, le descendant de cette ligne sacrée
pour son représentant, le précurseur de
notre salut, le sauveur et le restaurateur du
genre humain : cet envoyé et ce tutélaire
sacré, en nous rappelant tous à l'existence,
fermera pour toujours ces gouffres révolu-
tionnaires, ces abîmes ténébreux d'où sont
sortis tous ces mécréans, tous ces enfans du
crime et de la rébellion ; il dissipera ces ver-
tiges, ces égaremens funestes et délirans que
l'esprit infernal a soufflés dans tous les cœurs;
il asseoira de nouveau les fondemens de toute
civilisation sur ces grands principes d'ordre
et de subordination graduels, principaux
garans des droits particuliers et de l'affer-
missement des empires ; et nous, pauvres
et infortunés colons de Saint-Domingue,
les plus malheureux des hommes, les plus

injustement et les plus barbarement persécutés, nous nous prosternons devant son
trône, nous implorons, avec instance et
soumission, sa justice et sa puissance pour
mettre un terme à nos souffrances, à nos
déplorables infortunes ; nous lui offrons nos
sermens et nos hommages, le tribut de notre respect et de notre amour, nos vœux
les plus sincères, les plus ardens pour que la
grandeur, le génie et la gloire président à
jamais à ses destinées prospères et immortelles.

FIN.

9 782013 433556